I0348997

..................................................
..................................................
..................................................
..................................................
..................................................
..................................................
..................................................
..................................................
..................................................
..................................................
..................................................
..................................................
..................................................
..................................................
..................................................
..................................................
..................................................
..................................................
..................................................
..................................................
..................................................
..................................................
..................................................
..................................................
..................................................
..................................................
..................................................

www.ingramcontent.com/pod-product-compliance
Lightning Source LLC
Chambersburg PA
CBHW030334230426
43661CB00040B/1480/J
* 9 7 8 1 9 5 1 3 7 3 1 4 6 *